AF602159

TABLEAU

DES FRAIS ET DÉPENS

EN LA COUR IMPÉRIALE DE PARIS.

NOUVELLE ÉDITION

PUBLIÉE AVEC L'AUTORISATION

DE MONSIEUR LE PREMIER PRÉSIDENT.

PARIS,
GAUTHIER-VILLARS, IMPRIMEUR
DE LA CHAMBRE DES AVOUÉS PRÈS LA COUR IMPÉRIALE DE PARIS,
SUCCESSEUR DE MALLET-BACHELIER,
Quai des Augustins, 55.

1865

AVERTISSEMENT.

Les calculs du tableau ont été faits avec un seul décime pour les divers droits d'enregistrement.

Il y a donc lieu, quant à présent, d'ajouter un demi-décime à chacun desdits droits.

Ainsi on doit allouer :

Pour l'enregistrement d'un acte d'avoué. .	1 fr.	15 c.	au lieu de	1 fr.	10 c.
Pour celui d'une ordonnance	5	75		5	50
Pour celui d'un exploit.	3	45		3	30
Pour la mise au rôle	5	75		5	50
Pour l'amende consignée	11	50		11	»

TABLEAU
DES FRAIS ET DÉPENS
EN LA COUR IMPÉRIALE DE PARIS.

OBSERVATION GÉNÉRALE.

Les déboursés de Timbre et d'Enregistrement et les Émoluments étant variables, à raison de l'étendue des actes ou du nombre des parties, les totaux indiqués au présent Tableau ne sont portés que *pour exemple*.

PREMIÈRE PARTIE.

MATIÈRES SOMMAIRES.

ARTICLES du TARIF et des DÉLIBÉRAT.	NATURE DES ACTES.	ÉLÉMENTS DU COÛT DES ACTES	DÉBOURSÉS.	ÉMOLUMENTS
	1. Pouvoir... *S'il y a procuration notariée, en allouer le coût.*	*Déb.* Timbre... »fr 50c Enregistrement... 2 20	fr c 2 70	fr c » »
T. 77. D. 1.	2. Requête contenant demande pour abréger les délais dans les cas qui requièrent célérité, y compris vacation pour prendre l'ordonnance..	*Déb.* Timbre... 1 » Enregistrement de l'ordonnance... 5 50	6 50	» »
		Émol. Original... 4 50 Chaque copie, le quart.. 1 13	» »	5 63
T. 29 et 66.	3. Acte d'appel contenant assignation et constitution d'avoué... *Cet article doit être augmenté de 50 c. par partie assignée, du papier de chaque copie et des frais de transport s'il y a lieu.*	*Déb.* Original... 2 » Copie... » 50 Timbre, 2 demi-feuilles.. 1 » Enregistrement... 11 »	15 20	» »
T. 70, 147 et 158.	4. Acte de constitution d'avoué...	*Déb.* Timbre... 1 » Enregistrement... 1 10 Huissier... » 75	2 85	» »
T. 81, 147. D. 1.	5. Assistance de l'avoué à l'audience où il est donné acte de la constitution...	*Émol.*...	» »	2 25

ARTICLES du TARIF et des DÉLIBÉRAT.	NATURE DES ACTES.	ÉLÉMENTS DU COÛT DES ACTES.	DÉBOURSÉS.	ÉMOLUMENTS
Loi du 28 avril 1816.	6. ENREGISTREMENT DE L'ARRÊT SUR MINUTE.......	*Déb.* Suivant la mention du receveur...	fr c » »	fr c » »
D. 5.	7. VACATION A L'ENREGISTREMENT...............	*Émol*..........................	» »	2 25
	8. SOMMATION DE DÉCLARER l'état de la procédure..	Comme au n° 4....	2 85	» »
	9. SOMMATION DE CONSIGNER L'AMENDE...........	Comme au n° 4.................	2 85	» »
	10. SOMMATION D'AUDIENCE, ou AVENIR à la distribution....................................	Comme au n° 4.....	2 85	» »
	Si l'acte est signifié à plusieurs Avoués, dans ce cas, ajouter par chaque acte et chaque Avoué.	*Déb.* Timbre................ »fr 50c Huissier............... » 75 Enregistrement......... 1 10	2 35	» »
D. 2.	11. NOTICE A LA MISE AU RÔLE..................	*Déb.* Timbre.......................	» 50	» »
Lois des 11 mars 1799 et 4 juillet 1862.	12. MISE AU RÔLE.............................	*Déb.* Droit fixe et décime............	5 50	» »
T. 157.	13. APPEL DE CAUSE DU AUX HUISSIERS...........	*Déb*..............	1 25	» »
	14. ACTE DÉCLARATIF DE LA CHAMBRE, contenant AVENIR pour plaider......................	Comme au n° 4.................	2 85	» »
	15. SOMMATION DE COMMUNIQUER LES PIÈCES........	Comme au n° 4.................	2 85	» »
C. de C°n 13 novembre 1861. Décision de la Cour d'août 1863.	16. CONCLUSIONS SIGNIFIÉES....................	*Déb.* Timbre................ 1 » Huissier.. .... 1 50 Enregistrement......... 1 10	3 60	» »
		Émol. Original............... 7 50 Quart par copie........ 1 88	» »	9 38
C. de C°n 13 novembre 1861.	17. CONCLUSIONS DÉPOSÉES.....................	*Émol*..............	» »	3 »
	18. COPIE DU DISPOSITIF DU JUGEMENT DONT EST APPEL.	*Émol*........................	» »	3 »

ARTICLES du TARIF et des DÉLIBÉRAT.	NATURE DES ACTES.	ÉLÉMENTS DU COÛT DES ACTES.	DÉBOURSÉS.		ÉMOLUMENTS	
			fr	c	fr	c
T. 67.	19. OBTENTION DE L'ARRÊT PAR DÉFAUT contre partie ou avoué, y compris les émoluments des qualités	*Émol.*				
		Au-dessous de 1000 fr.	»	»	15	»
		Jusqu'à 5000 fr.	»	»	20	»
		Au-dessus de 5000 fr.	»	»	30	»
T. 145. D. 7.	20. FRAIS de port de pièces et correspondance	*Déb.*	20	»	»	»
T. 157.	21. BULLETIN D'ARRÊT dû aux huissiers	*Déb.*	1	25	»	»
	22. ENREGISTREMENT DE L'ARRÊT SUR MINUTE	*Déb.* Suivant la mention du receveur	»	»	»	»
D. 5.	23. VACATION A L'ENREGISTREMENT	*Émol.*	»	»	2	25
Décrets 24 mai 1854 et 8 décembre 1862.	24. TIMBRE, MINUTE DE L'ARRÊT et RÉPERTOIRE	*Déb.*	1	40	»	»
	25. QUALITÉS DE L'ARRÊT PAR DÉFAUT non signifiées.	*Déb.* Timbre, 1 feuille par 10 rôles	1	»	»	»
	26. COÛT DE L'ARRÊT	*Déb.* Ce qui sera payé au greffier	»	»	»	»
Code de procéd., art. 471.	27. AMENDE CONSIGNÉE	*Déb.* Droit fixe 10^{fr} »^{c}; Subvention 1 »; Timbre » 50	11	50	»	»
	28. ACTE DE BAILLÉ COPIE de la quittance	Comme au n° 4	2	85	»	»
		Émol. Copie de pièce	»	»	»	45
T. 70.	29. SIGNIFICATION DE L'ARRÊT par acte d'avoué à avoué	*Déb.* Timbre d'original » 50; Chaque copie, 1 feuille par 10 rôles 1 »; Huissier » 75; Enregistrement 1 10	3	35	»	»
C. de C^{on} 1er mars 1841.		*Émol.* Droit de copie à l'avoué à raison de 45 centimes par rôle	»	»	»	»

ARTICLES du TARIF et des DÉLIBÉRAT.	NATURE DES ACTES.	ÉLÉMENTS DU COÛT DES ACTES.	DÉBOURSÉS.	ÉMOLUMENTS
T. 89.	30. SIGNIFICATION DE L'ARRÊT PAR DÉFAUT à partie..	*Déb.* Timbre, 1 feuille par 10 rôles... 1fr »c Timbre de l'original d'exploit... » 50 Original à l'huissier... 2 » Par chaque copie... » 50 Enregistrement par chaque partie... 3 30	fr c » »	fr c » »
		Émol. Droit de copie à l'avoué, à raison de 45 centimes par rôle......	» »	» »
	31. DROIT D'OBTENTION DE L'ARRÊT PAR DÉFAUT, PROFIT JOINT...	Comme au n° 19...	» »	» »
T. 157.	32. BULLETIN D'ARRÊT AUX HUISSIERS...	*Déb*...	1 25	» »
	33. ENREGISTREMENT DE L'ARRÊT SUR MINUTE...	*Déb.* Suivant la mention du receveur...	» »	» »
D. 5.	34. VACATION A L'ENREGISTREMENT...	*Émol*...	» »	2 25
Décrets susdatés.	35. TIMBRE MINUTE et RÉPERTOIRE...	*Déb*...	1 40	» »
	36. QUALITÉS...	Comme au n° 25...	1 »	» »
	37. COÛT DE L'ARRÊT...	Ce qui sera payé au greffier...	» »	» »
	38. SIGNIFICATION DE L'ARRÊT à partie...	Comme au n° 30...	» »	» »
Délibératon août 1863. C. de Con 13 novembre 1861.	39. REQUÊTE D'OPPOSITION à l'arrêt par défaut...	*Déb.* Timbre... 1fr »c Huissier... 1 50 Enregistrement... 1 10	3 60	» »
		Émol. Original... 7 50 Chaque copie... 1 88	» »	9 38
	40. REQUÊTE EN DÉBOUTÉ D'OPPOSITION...	Comme ci-dessus, n° 39...	3 60	9 38
	41. AVENIR SUR LE DÉBOUTÉ...	Comme au n° 4...	2 85	» »
	42. CONCLUSIONS DÉPOSÉES...	Comme au n° 17...	» »	3 »
	43. DISPOSITIF DE L'ARRÊT par défaut...	Comme au n° 18...	» »	3 »
T. 145. D. 7.	44. FRAIS de port de pièces et de correspondance (s'il n'y a pas eu d'arrêt par défaut)...	*Déb*...	20 »	» »

ARTICLES du TARIF et des DÉLIBÉRAT.	NATURE DES ACTES.	ÉLÉMENTS DU COÛT DES ACTES.	DÉBOURSÉS.	ÉMOLUMENTS
			fr c	fr c
T. 67.	45. OBTENTION DE L'ARRÊT CONTRADICTOIRE.........	*Émol.*		
	S'il y a plus de deux parties en cause, et si elles ont des intérêts contraires, allouer un quart en sus des droits ci-contre à l'avoué qui aura suivi contre chacune des autres parties.	Au-dessous de 1000 fr..........	» »	30 »
		Jusqu'à 5000 fr................	» »	40 »
		Au-dessus de 5000 fr............	» »	60 »
T. 157.	46. APPEL DE CAUSE dû aux huissiers.............	*Déb.*.........................	1 25	» »
		Par chaque bulletin de remise, 20 c.	» »	» »
	47. ENREGISTREMENT SUR MINUTE................	*Déb.*		
		Suivant la mention du receveur...	» »	» »
D. 5.	48. VACATION A L'ENREGISTREMENT..............	*Émol.*......................	» »	2 25
Décrets 24 mai 1854 et 8 décembre 1862.	49. TIMBRE MINUTE DE L'ARRÊT et RÉPERTOIRE.....	*Déb.*.........................	1 40	» »
T. 67. D^{on} Cour août 1863.	50. QUALITÉS de l'arrêt contradictoire, et significations desdites qualités.....................	*Déb.*		
		Original des qualités, 1 feuille par 10 rôles.......... 1^{fr} »^{c} Autant pour chaque copie. 1 » Huissier............... 1 50 Enregistrement......... 1 10	4 60	» »
	S'il y a plus de deux parties ayant avoués en cause, ajouter aux déboursés par chaque copie des qualités............................	Timbre des qualités, par 10 rôles............. 1 » Huissier............... 1 50 Enregistrement......... 1 10	3 60	» »
C. de C^{on} 1er mars 1841.		*Émol.*		
		Le quart du droit accordé pour l'obtention de l'arrêt, ainsi :		
		Au-dessous de 1000 fr..........	» »	7 50
		Jusqu'à 5000 fr................	» »	10 »
		Au-dessus de 5000 fr............	» »	15 »
		Le quart des droits ci-dessus par chaque copie................	» »	» »
T. 70.	51. SOMMATION pour être réglé sur l'opposition aux qualités, si elle est formée................	Comme au n° 4................	2 85	» »
	52. COÛT DE L'ARRÊT...........................	Ce qui sera payé au greffier......	» »	» »

DEUXIÈME PARTIE.

MATIÈRES ORDINAIRES.

ARTICLES du TARIF et des DÉLIBÉRAT.	NATURE DES ACTES.	ÉLÉMENTS DU COÛT DES ACTES.	DÉBOURSÉS.	ÉMOLUMENTS
	73. POUVOIR. *Voir la note du n° 1.*	*Déb.* Timbre .... »fr 50c Enregistrement 2 20	fr c 2 70	fr c » »
T. 77.	74. REQUÊTE pour assigner à bref délai, compris vacation à l'ordonnance.	*Déb.* Timbre .... 1 » Enregistrement 5 50	6 50	» »
		Émol. Original .... 4 50 Chaque copie 1 13	» »	5 63
T. 29.	75. ACTE D'APPEL. *Le surplus comme à la note du n° 3.*	*Déb.* Original .... 2 » Copie .... » 50 Timbre .... 1 » Enregistrement et subvention .... 11 »	14 50	» »
T. 68 et 147.	76. CONSULTATION.	*Émol.*	» »	20 »
T. 81.	77. ASSISTANCE à l'audience où il est donné acte de la constitution.	*Émol.*	» »	2 25
T. 70.	78. ACTE DE CONSTITUTION.	*Déb.* Timbre .... 1 » Huissier .... » 75 Enregistrement 1 10	2 85	» »
		Émol. Original .... 1 50 Copie, le quart .... » 38	» »	1 88
	79. SOMMATION DE DÉCLARER l'état de la procédure.	Comme au n° 78.	2 85	1 88
	80. RÉPONSE A CETTE SOMMATION.	Comme au n° 78.	2 85	1 88
	81. SOMMATION par l'intimé à l'appelant de consigner l'amende.	Comme au n° 78.	2 85	1 88

ARTICLES du TARIF et des DÉLIBÉRAT.	NATURE DES ACTES.	ÉLÉMENTS DU COÛT DES ACTES.		DÉBOURSÉS.	ÉMOLUMENTS
				fr c	fr c
T. 70. D. 10.	82. Avenir a l'appel du rôle bursal............	Comme au n° 78................		2 85	1 88
	Si l'acte est signifié à plusieurs avoués, ajouter par chaque copie..........	*Déb.*			
		Timbre................	»fr 50c		
		Huissier..............	» 75	2 35	» »
		Enregistrement.........	1 10		
		Émol.			
		Le quart de l'original par chaque copie.........	» 38	» »	» »
D. 10.	83. Notice a la distribution..................	*Déb.*			
		Timbre........................		» 50	» »
		Émol.........................		» »	1 50
	84. Droit de mise au rôle.....................	*Déb.*			
		Droit fixe et décime............		5 50	» »
T. 90.	85. Vacation a la mise au rôle...............	*Émol*.........................		» »	2 25
T. 157.	86. Appel de cause dû aux huissiers............	*Déb*..........................		1 25	» »
D. 10.	87. Droit d'assistance a l'appel du rôle bursal..	*Émol*.........................		» »	4 50
D. 10.	88. Vacation a la vérification du rôle.........	*Émol*.........................		» »	2 25
D. 10.	89. Acte déclaratif de la distribution, avec avenir.	Comme au n° 78................		2 85	1 88
	Même observation qu'au n° 82, pour le cas où il y a plusieurs avoués en cause.				
	90. Sommation de signifier le jugement dont est appel, s'il n'a été signifié précédemment.....	Comme au n° 78................		2 85	1 88
	91. Acte de baillé copie du jugement...........	*Déb.*			
		Timbre d'original.......	» 50		
		Timbre de la copie, 1 feuille par 10 rôles..........	1 »	» »	» »
		Huissier...............	» 75		
		Enregistrement.........	1 10		
		Émol.			
		Par rôle......	» 45	» »	» »
		Acte de baillé copie.....	1 88		

ARTICLES du TARIF et des DÉLIBÉRAT.	NATURE DES ACTES.	ÉLÉMENTS DU COÛT DES ACTES.	DÉBOURSÉS.	ÉMOLUMENTS
C. de Con 1er mars 1841.	53. Signification de l'arrêt à avoué	*Déb.* Timbre original ... » fr 50 c; Timbre de la copie, 1 feuille par 10 rôles ... 1 »; Huissier ... » 75; Enregistrement ... 1 10	fr » c »	fr » c »
		Émol. Droit de copie à l'avoué, à raison de 45 centimes par rôle	» »	» »
D. 6.	54. Signification à domicile de l'arrêt contradictoire et de celui par défaut, lorsqu'il y a débouté.	*Déb.* Timbre de l'original ... » fr 50 c; Chaque copie, 1 feuille par 10 rôles ... 1 »; Original ... 2 »; Huissier, par chaque copie » 50; Enregistrement, par chaque partie ... 3 30	» »	» »
		Émol. Droit de copie, 45 centimes par chaque rôle	» »	» »
D. 8.	55. En cas d'infirmation, extrait du dispositif de l'arrêt pour retirer l'amende	*Déb.* Timbre du dispositif ... » fr 50 c; Timbre de la quittance de retrait ... » 50	1 »	» »
		Émol.	» »	3 »
	56. État de dépens	*Déb.* Timbre	» »	» »
	INTERLOCUTOIRES.			
T. 67.	57. Obtention de l'arrêt. *Même observation qu'au n° 40.*	*Émol.* Moitié du droit accordé pour l'arrêt définitif; ainsi :		
		Au-dessous de 1000 fr	» »	15 »
		Jusqu'à 5000 fr	» »	20 »
		Au-dessus de 5000 fr	» »	30 »
T. 67.	58. Frais de port de pièces et de correspondance	*Déb.* Demi-droit	10 »	» »
T. 67.	59. Qualités de l'arrêt	*Déb.* Comme au n° 50	» »	» »
	Même observation qu'au n° 50.	*Émol.* Moitié des droits énoncés au n° 50.	» »	» »

ARTICLES du TARIF et des DÉLIBÉRAT.	NATURE DES ACTES.	ÉLÉMENTS DU COÛT DES ACTES.	DÉBOURSÉS.	ÉMOLUMENTS
			fr c	fr c
T. 157.	60. BULLETIN D'ARRÊT aux huissiers............	*Déb*.........................	1 25	» »
	61. ENREGISTREMENT DE L'ARRÊT SUR MINUTE.......	*Déb.* Suivant la mention............	» »	» »
D. 5.	62. VACATION à cet enregistrement..............	*Émol*.......................	» »	2 25
Décrets.	63. TIMBRE MINUTE et RÉPERTOIRE...............	*Déb*.........................	1 40	» »
	64. COÛT DE L'ARRÊT..........................	Ce qui sera payé au greffe.......	» »	» »
	65. SIGNIFICATION DE L'ARRÊT à avoué............	Comme au n° 53...............	» »	» »
D. 6.	66. SIGNIFICATION DE L'ARRÊT A DOMICILE..........	*Déb.* Comme au n° 54...............	» »	» »
		Émol. Par chaque rôle d'expédition, 45 c.	» »	» »
T. 67.	67. COPIE DES PROCÈS-VERBAUX D'ENQUÊTE ET D'EXPERTISE........................	*Déb.* Huissier.............. »fr 75c Enregistrement......... 1 10 Timbre de l'original..... » 50 Chaque copie, 1 feuille par 10 rôles............ 1 »	» »	» »
		Émol. Par chaque rôle, 30 centimes.....	» »	» »
T. 79.	68. REQUÊTE contenant les faits, en matière d'interrogatoire............................	*Déb.* Timbre.......................	» »	» »
T. 67.	69. OBTENTION DE L'ARRÊT qui permet de faire interroger.................................	Comme au n° 57...............	» »	» »
	70. COÛT DE L'ARRÊT..........................	Ce qui sera payé au greffe.......	» »	» »
	71. SIGNIFICATION DE L'ARRÊT..................	Comme au n° 54...............	» »	» »
T. 67 et 147.	72. COPIE DU PROCÈS-VERBAL D'INTERROGATOIRE.....	*Déb.* Timbre de l'original..... » 50 Chaque copie, 1 feuille par 10 rôles............ 1 » Huissier............... » 75 Enregistrement......... 1 10	» »	» »
		Émol. Par chaque rôle, 30 centimes.....	» »	» »

ARTICLES du TARIF et des DÉLIBÉRAT.	NATURE DES ACTES.	ÉLÉMENTS DU COÛT DES ACTES.	DÉBOURSÉS.	ÉMOLUMENTS
D. 12. Décision d'août 1863.	92. Conclusions signifiées par l'intimé lorsqu'il suit l'audience	*Déb.* Timbre 1fr »c; Huissier 1 50; Enregistrement 1 10	3fr 60c	»fr »c
		Émol.	» »	1 88
T. 82.	93. Plaidoirie de l'avoué à l'arrêt par défaut	*Émol.*	» »	4 50
T. 82. Dre 6 mai 1807.	94. Honoraires de l'avocat qui prend l'arrêt par défaut	*Déb.*	7 50	» »
T. 82.	95. Assistance de l'avoué lorsque le défaut est pris par l'avocat	*Émol.*	» »	1 50
D. 10.	96. Conclusions déposées	*Émol.*	» »	3 »
D. 10.	97. Copie du dispositif du jugement dont est appel.	*Émol.*	» »	3 »
T. 157.	98. Appel de cause dû aux huissiers	*Déb.*	1 25	» »
	99. Enregistrement de l'arrêt sur minute	Suivant la mention	» »	» »
D. 11.	100. Vacation a l'enregistrement	*Émol.*	» »	2 25
Décrets.	101. Timbre minute et répertoire	*Déb.*	1 40	» »
	102. Amende consignée	*Déb.* Droit fixe 10 »; Subvention 1 »; Timbre » 50	11 50	» »
T. 90.	103. Vacation a consigner l'amende	*Émol.*	» »	2 25
T. 70.	104. Acte de baillé copie de la quittance d'amende.	*Déb.* Timbre 1 »; Huissier » 75; Enregistrement 1 10	2 85	» »
		Émol. Original 1 50; Copie » 38; Copie de la quittance » 45	» »	2 33

ARTICLES du TARIF et des DÉLIBÉRAT.	NATURE DES ACTES.	ÉLÉMENTS DU COÛT DES ACTES.	DÉBOURSÉS.		ÉMOLUMENTS	
			fr	c	fr	c
T. 87, 147.	105. QUALITÉS DE L'ARRÊT PAR DÉFAUT, non signifiées.	*Déb.* Timbre, 1 feuille par 10 rôles.....	»	»	»	»
		Émol.	»	»	5	63
	106. COÛT DE L'ARRÊT........................	Ce qui sera perçu au greffe......	»	»	»	»
T. 89, 147 et 158.	107. SIGNIFICATION DE L'ARRÊT par acte d'avoué à avoué..................................	*Déb.* Timbre de l'original..... »fr 50c Timbre de la copie, 1 feuille par 10 rôles......... 1 » Huissier............... » 75 Enregistrement......... 1 10	»	»	»	»
		Émol. 45 centimes par rôle............ Acte de baillé copie..... 1 88	»	»	»	»
T. 89, 147.	108. SIGNIFICATION DE L'ARRÊT A DOMICILE.........	*Déb.* Timbre de la copie, 1 feuille par 10 rôles............. 1fr »c Timbre de l'original d'exploit................ » 50 Original à l'huissier..... 2 » Par chaque copie....... » 50 Enregistrement par chaque partie........... 3 30	»	»	»	»
		Émol. Droit de copie à l'avoué, à raison de 45 centimes par rôle.......	»	»	»	»
T. 82.	109. PLAIDOIRIE A L'ARRÊT PAR DÉFAUT, PROFIT JOINT, au cas prévu par l'art. 153 du Code de Procédure..................................	Comme au n° 93................	»	»	4	50
D. 10.	110. CONCLUSIONS DÉPOSÉES.....................	Comme au n° 96................	»	»	3	»
T. 87.	111. QUALITÉS DE L'ARRÊT PAR DÉFAUT, PROFIT JOINT.	Comme au n° 105..............	»	»	5	63
	112. ENREGISTREMENT DE L'ARRÊT SUR MINUTE......	Suivant la mention.............	»	»	»	»
D. 11.	113. VACATION A L'ENREGISTREMENT..............	*Émol.*........................	»	»	2	25
Décrets.	114. TIMBRE MINUTE et RÉPERTOIRE..............	*Déb.*........................	1	40	»	»

ARTICLES du TARIF et des DÉLIBÉRAT.	NATURE DES ACTES.	ÉLÉMENTS DU COÛT DES ACTES.	DÉBOURSÉS.	ÉMOLUMENTS
			fr c	fr c
	115. Coût de l'arrêt	Ce qui sera perçu au greffe	» »	» »
	116. Signification a l'avoué du défaillant	Comme au nº 107	» »	» »
	117. Avenir a l'avoué du défaillant pour le jour où la cause sera appelée contradictoirement avec les parties comparantes	Comme au nº 78	2 85	1 88
	118. Signification a domicile, quand le défaillant n'a pas d'avoué en cause, avec assignation au jour où la cause a été remise avec les parties comparantes	Comme au nº 108	» »	» »
T. 90.	119. Vacation à requérir du greffier le certificat de non-opposition à l'arrêt par défaut, lorsque cet arrêt doit être exécuté contre des tiers	*Émol.*	» »	2 25
	120. Coût du certificat de non-opposition	Ce qui sera perçu au greffe	» »	» »
T. 75, 147. Délibon août 1863.	121. Requête d'opposition a l'arrêt par défaut, contenant les moyens	*Déb.* Timbre, original, 50 centimes par rôle de grosse Copie, 1 feuille par 6 rôles Huissier 1fr 50c Enregistrement 1 10	» »	» »
		Émol. Original, par chaque rôle. 3 » Copie, par chaque rôle. » 75	» »	» »
Idem.	122. Requête d'opposition, sans les moyens, dans le cas où ils auraient été précédemment signifiés	*Déb.* Timbre 1 » Huissier 1 50 Enregistrement 1 10	3 60	» »
		Émol. Original, 1 rôle 3 » Copie » 75	» »	3 75
T. 90.	123. Vacation à faire la mention, sur le registre tenu au greffe, de l'opposition à l'arrêt par défaut, au cas prévu par les art. 163 et 164 du Code de Procédure	*Émol.*	» »	2 25

ARTICLES du TARIF et des DÉLIBÉRAT.	NATURE DES ACTES.	ÉLÉMENTS DU COÛT DES ACTES.	DÉBOURSÉS.	ÉMOLUMENTS
	124. REQUÊTE EN DÉBOUTÉ D'OPPOSITION, contenant les moyens de défense....................	Comme au n° 121..............	fr c » »	fr c » »
	125. AVENIR SUR LE DÉBOUTÉ....................	Comme au n° 78...............	2 85	1 88
T. 83, 147.	126. ASSISTANCE A L'AUDIENCE où les qualités sont posées................................	*Émol.*........................	» »	4 50
D. 10.	127. CONCLUSIONS DÉPOSÉES.....................	Comme au n° 96...............	» »	3 »
D. 10.	128. COPIE DU DISPOSITIF DE L'ARRÊT PAR DÉFAUT...	*Émol.*........................	» »	3 »
T. 72, 147. Don d'août 1863.	129. REQUÊTE DE L'APPELANT....................	*Déb.* Timbre, original par rôle de grosse........... »fr 50c Copie, 1 feuille par 6 rôles. Huissier.............. 1 50 Enregistrement......... 1 10	» »	» »
		Émol. Original, par rôle....... 3 » Copie, par rôle......... » 75	» »	» »
T. 72, 147. D. 12.	130. REQUÊTE DE L'INTIMÉ..................... *Cette requête pourra être signifiée, soit avant, soit après celle de l'appelant, mais après que les qualités auront été posées à l'audience.*	Comme au numéro précédent.....	» »	» »
T. 72.	131. ACTE DE BAILLÉ COPIE des pièces signifiées pendant l'instance..........................	*Déb.* Timbre de l'original de l'acte de baillé copie.. » 50 Timbre de la copie, 1 feuille par 10 rôles.......... Huissier.............. » 75 Enregistrement......... 1 10	» »	» »
		Émol. Original de l'acte....... 1 50 Copie................. » 38 Copie des pièces, 45 centimes par rôle.........................	» »	» »
T. 70.	132. SOMMATION de communiquer les pièces signifiées ou employées dans la cause..........	Comme au n° 78...............	2 85	1 88

ARTICLES du TARIF et des DÉLIBÉRAT.	NATURE DES ACTES.	ÉLÉMENTS DU COÛT DES ACTES.	DÉBOURSÉS.	ÉMOLUMENTS
T. 91.	133. VACATION à donner et prendre communication des pièces de la cause, et à les rétablir......	*Émol.*	fr c » »	fr c 4 50
T. 90.	134. VACATION à communiquer les pièces au ministère public..............................	*Émol.*	» »	2 25
	135. AVENIR à fin de renvoi d'une chambre à une autre, ou d'extraction de cause du rôle......	Comme au n° 78................	2 85	1 88
	136. CONCLUSIONS DÉPOSÉES....................	Comme au n° 96................	» »	3 »
	137. ASSISTANCE A L'AUDIENCE..................	Comme au n° 126..............	» »	4 50
T. 71. D. 12. D^on d'août 1863.	138. ACTE DE CONCLUSIONS à fin de jonction ou de disjonction.............................	*Déb.* Timbre d'original et de copie............... 1fr »c Huissier............... 1 50 Enregistrement......... 1 10	3 60	» »
		Émol. Original.............. 7 50 Copie................ 1 88	» »	9 38
	139. AVENIR..........................	Comme au n° 78................	2 55	1 88
	140. CONCLUSIONS DÉPOSÉES....................	Comme au n° 96................	» »	3 »
	141. ASSISTANCE A L'AUDIENCE.........	*Émol.*	» »	4 50
T. 83. D. 13.	142. ASSISTANCE AUX SIMPLES REMISES DE CAUSE, sans qu'il puisse en être alloué plus de trois, non compris la vacation à poser qualités et celles à les reprendre........................	*Émol.*	» »	4 50
T. 80. D^on 6 mai 1807.	143. PLAIDOIRIE DE L'AVOCAT A L'ARRÊT CONTRADICTOIRE...............................	*Déb.*	22 50	» »
T. 86. D. 13.	144. ASSISTANCE DE L'AVOUÉ à chaque jour de plaidoirie de la cause.......................	*Émol.*	» »	4 50
T. 86.	145. PLAIDOIRIE DE L'AVOUÉ A L'ARRÊT CONTRADICTOIRE...............................	*Émol.*	» »	15 »

ARTICLES du TARIF et des DÉLIBÉRAT.	NATURE DES ACTES.	ÉLÉMENTS DU COÛT DES ACTES.	DÉBOURSÉS.		ÉMOLUMENTS.	
			fr	c	fr	c
T. 86. D. 13.	**146.** Assistances a la prononciation de l'arrêt...	*Émol.*........................	»	»	4	50
T. 145 et 147.	**147.** Port de pièces et droit de correspondance, par chaque arrêt définitif....................	*Déb.*........................	20	»	»	»
	148. Port de pièces et droit de correspondance, par chaque interlocutoire....................	*Déb.*........................	10	»	»	»
T. 146.	**149.** Vacation de l'arrêt au greffe pour assister sa partie à l'acte de voyage..............	*Émol.*........................	»	»	2	25
T. 146.	**150.** Frais de voyage, séjour et retour..........	A raison de 3 francs par chaque myriamètre de distance entre le domicile de la partie et la Cour.				
	151. Coût de l'acte de voyage.................	Ce qui sera perçu au greffe......	»	»	»	»
	152. Signification de l'acte de voyage.........	Comme au n° 107..............	»	»	»	»
	153. Bulletin de cause jugée.................	*Déb.*........................	1	25	»	»
		Par chaque bulletin de remise, 20 c.	»	»	»	»
T. 87; 147. D^{on} d'août 1863.	**154.** Qualités de l'arrêt contradictoire.........	*Déb.* Timbre, 1 feuille par 10 rôles pour l'original... 1^{fr} »^{c} Autant pour la copie.... 1 » Huissier.............. 1 50 Enregistrement......... 1 10	»	»	»	»
		Émol. Original.............. 11 25 Le quart par chaque copie. 2 82	»	»	»	»
T. 90.	**155.** Vacation à former opposition aux qualités, s'il y a lieu................................	*Émol.*........................	»	»	2	25
T. 70.	**156.** Sommation pour être réglé sur l'opposition....	Comme au n° 68...............	2	85	1	88
T. 90.	**157.** Vacation au règlement..................	*Émol.*........................	»	»	2	25
	158. Enregistrement de la minute de l'arrêt....	Suivant la mention............	»	»	»	»

ARTICLES du TARIF et des DÉLIBÉRAT.	NATURE DES ACTES.	ÉLÉMENTS DU COÛT DES ACTES.	DÉBOURSÉS.	ÉMOLUMENTS
			fr c	fr c
D. 11.	159. VACATION A L'ENREGISTREMENT	Émol.	» »	2 25
Décret, 16 février 1807, art. 7.	160. TIMBRE MINUTE et RÉPERTOIRE	Déb.	1 40	» »
	161. SOMMATION DE LEVER L'ARRÊT	Comme au n° 78	2 85	1 88
	162. COÛT DE L'ARRÊT	Ce qui sera perçu au greffe	» »	» »
T. 89, 147.	163. SIGNIFICATION DE L'ARRÊT A AVOUÉ	Comme au n° 107	» »	» »
T. 89, 147.	164. SIGNIFICATION DE L'ARRÊT A DOMICILE	Comme au n° 108	» »	» »
D. 8.	165. EXTRAIT du dispositif de l'arrêt pour retirer l'amende	Déb.		
		Timbre de l'extrait ..... »fr 50c / Timbre de la quittance .. » 50	1 »	» »
		Émol.	» »	3 »
T. 90.	166. VACATION AU RETRAIT DE L'AMENDE	Émol.	» »	2 25
Décret, 16 février 1807.	167. ÉTAT DE DÉPENS	Déb.		
		Timbre	» »	» »
		Émol.		
		Par article	» »	» 15

DÉLIBÉRÉS ET INSTRUCTION PAR ÉCRIT.

ARTICLES du TARIF et des DÉLIBÉRAT.	NATURE DES ACTES.	ÉLÉMENTS DU COÛT DES ACTES.	DÉBOURSÉS.	ÉMOLUMENTS
T. 84.	168. ASSISTANCE ET OBSERVATIONS à l'arrêt qui ordonne une instruction par écrit	Émol.	» »	7 50
T. 157.	169. APPEL DE CAUSE dû aux huissiers	Déb.	1 25	» »
	170. ENREGISTREMENT DE LA MINUTE	Suivant la mention	» »	» »
D. 11.	171. VACATION A L'ENREGISTREMENT	Émol.	» »	2 25
Décrets.	172. TIMBRE MINUTE et RÉPERTOIRE	Déb.	1 40	» »

ARTICLES du TARIF et des DÉLIBÉRAT.	NATURE DES ACTES.	ÉLÉMENTS DU COÛT DES ACTES	DÉBOURSÉS.	ÉMOLUMENTS
T. 87. D^on d'août 1863.	173. QUALITÉS DE L'ARRÊT.	*Déb.* Timbre, 1 feuille par 10 rôles pour l'original... 1fr »c Autant pour la copie.... 1 » Huissier............... 1 50 Enregistrement......... 1 10	fr c » »	fr c » »
		Émol. Original.............. 15 » Chaque copie, le quart.. 3 75	» »	» »
	174. COÛT DE L'ARRÊT.	Ce qui sera perçu au greffe.	» »	» »
	175. SIGNIFICATION DE L'ARRÊT A AVOUÉ.	Comme au n° 107.	» »	» »
T. 73. D^on d'août 1863.	176. REQUÊTE EN INSTRUCTION par écrit, terminée par l'état des pièces..	*Déb.* Timbre, original, 50 centimes par rôle de grosse............... Copie, 1 feuille par 6 rôles....... Huissier............... 1fr 50c Enregistrement......... 1 10	» »	» »
		Émol. Original, par rôle....... 3 » Copie, par chaque rôle.. » 75	» »	» »
T. 73.	177. REQUÊTE servant de réponse, avec état des pièces au soutien.	Comme au numéro précédent.	» »	» »
T. 91.	178. VACATION pour produire au greffe.	*Émol.*	» »	4 50
T. 70.	179. ACTE de déclaration de production par le demandeur, contenant le nombre des rôles dont la requête est composée.	Comme au n° 78.	2 85	1 88
T. 70.	180. *Idem* de la part du défendeur.	Comme au n° 78.	2 85	1 88
T. 91.	181. VACATION pour prendre communication au greffe de la production du demandeur, et pour le rétablissement de cette production, le tout ensemble.	Comme au n° 178.	» »	4 50

ARTICLES du TARIF et des DÉLIBÉRAT.	NATURE DES ACTES.	ÉLÉMENTS DU COÛT DES ACTES.	DÉBOURSÉS.	ÉMOLUMENTS
T. 71.	182. ACTE de production nouvelle, sans requête de production ni écritures nouvelles, mais contenant l'état des pièces produites.	*Déb.*		
		Timbre. . . . . 1fr »c Huissier. . . . . » 75 Enregistrement. 1 10	fr c 2 85	fr c » »
		Émol.		
		Original . . . . 7 50 Copie, le quart. 1 88	» »	9 38
T. 90.	183. VACATION à produire les nouvelles pièces.	*Émol.*	» »	2 25
C. de P. C., art. 102.	184. ACTE déclaratif de la production nouvelle.	Comme au n° 78.	2 85	1 88
T. 90.	185. VACATION à prendre communication de la production nouvelle.	Comme au n° 183.	» »	2 25
T. 73. Don d'août 1863.	186. REQUÊTE en réponse à la production, laquelle ne peut excéder 6 rôles.	Comme au n° 176.	» »	» »
T. 76.	187. REQUÊTE pour faire nommer un autre rapporteur sur délibéré ou instruction par écrit. . . .	*Déb.*		
		Timbre. . . . . » 50 Enregistrement. 5 50	6 »	» »
		Émol.		
		Original.	» »	3 »
	188. ACTE DE BAILLÉ COPIE DE LA REQUÊTE.	*Déb.*		
		Comme au n° 78.	2 85	» »
		Émol.		
		Copie de la requête. . . . . » 75 Original et copie de l'acte. 1 88	» »	2 63
T. 90.	189. VACATION pour requérir le greffier de remettre les pièces à M. le Conseiller Rapporteur.	*Émol.*	» »	2 25
T. 90.	190. COMMUNICATION au ministère public.	*Émol.*	» »	2 25
T. 85.	191. ASSISTANCE à l'audience dans laquelle se fait le rapport, y compris les notes.	*Émol.*	» »	7 50

ARTICLES du TARIF et des DÉLIBÉRAT.	NATURE DES ACTES.	ÉLÉMENTS DU COÛT DES ACTES.	DÉBOURSÉS.	ÉMOLUMENTS
			fr c	fr c
T. 91.	192. VACATION pour retirer les pièces du greffe....	*Émol.*	» »	4 50
T. 87. D^on d'août 1863.	193. QUALITÉS DE L'ARRÊT SUR DÉLIBÉRÉ.	Comme au n° 154.	» »	» »
T. 87. D^on d'août 1863.	194. QUALITÉS DE L'ARRÊT en instruction par écrit.. *Le surplus comme aux n°s 147 et suivants.*	*Déb.* Timbre de l'original, 1 feuille par 10 rôles. .... Autant pour la copie. .... Huissier. .... 1^fr 50^c Enregistrement. 1 10	» »	» »
		Émol. Original. .... 15 » Chaque copie, le quart. . 3 75	» »	» »

INTERVENTION. — DEMANDE EN DÉCLARATION D'ARRÊT COMMUN. — APPEL INCIDENT ET DEMANDES INCIDENTES.

ARTICLES du TARIF et des DÉLIBÉRAT.	NATURE DES ACTES.	ÉLÉMENTS DU COÛT DES ACTES.	DÉBOURSÉS.	ÉMOLUMENTS
T. 68, 147.	195. CONSULTATION sur l'intervention au profit de l'avoué de l'intervenant seulement........ *Ce droit n'est dû que dans le cas où la partie n'était pas encore en cause.*	*Émol.*	» »	20 »
C. de P. C., art. 339. T. 75.	196. REQUÊTE d'intervention, d'appel incident, et sur la demande en déclaration d'arrêt commun..	Comme au n° 121 ; en outre, les copies à raison de 45 centimes par rôle évalué et d'une feuille par 10 rôles.	» »	» »
T. 75.	197. REQUÊTE EN RÉPONSE.	Comme au numéro précédent.....	» »	» »
T. 71. D. 12. D^on d'août 1863.	198. ACTE contenant les moyens et conclusions des demandes incidentes.	*Déb.* Timbre de l'original. .... Timbre de la copie. .... Huissier. .... 1^fr 50^c Enregistrement. 1 10	» »	» »
		Émol. Original. .... 7 50 Copie, le quart. 1 88	» »	9 38
T. 71.	199. ACTE servant de réponse.	Comme au numéro précédent.....	» »	9 38

ARTICLES du TARIF et des DÉLIBÉRAT.	NATURE DES ACTES.	ÉLÉMENTS DU COÛT DES ACTES.	DÉBOURSÉS.	ÉMOLUMENTS
	200. Avenir sur les intervention, appel ou demandes.	Comme au n° 78	fr 2 c 85	fr 1 c 88
	201. Conclusions déposées	Comme au n° 96	» »	3 »
T. 83.	202. Assistance à l'audience pour poser qualités et faire joindre	*Émol.*	» »	4 50
	203. Enregistrement de l'arrêt de jonction	Suivant la mention	» »	» »
D. 11.	204. Vacation à l'enregistrement	*Émol.*	» »	2 25
	Le reste de la procédure comme à l'ordinaire.			

ENQUÊTES.

ARTICLES du TARIF et des DÉLIBÉRAT.	NATURE DES ACTES.	ÉLÉMENTS DU COÛT DES ACTES.	DÉBOURSÉS.	ÉMOLUMENTS
T. 71, 147. D^{on} d'août 1863.	205. Acte contenant articulation succincte des faits dont une partie demande à faire preuve	*Déb.* Timbre, original et copie (on suppose 2 feuilles). 2^{fr} »^{c} Huissier 1 50 Enregistrement 1 10	4 60	» »
		Émol. Original 7 50 Copie, le quart 1 88	» »	9 38
T. 71, 147.	206. Acte contenant réponse au précédent, et dénégation ou reconnaissance des faits	Comme au numéro précédent	4 60	9 38
	207. Sommation d'audience pour plaider sur les faits.	Comme au n° 78	2 85	1 88
	Le reste de la procédure, jusques et compris l'arrêt qui admet ou rejette la preuve offerte, comme à l'ordinaire.			
T. 76.	208. Requête à M. le Conseiller Commissaire, à l'effet d'obtenir son ordonnance portant indication des jour, lieu et heure	*Déb.* Timbre 1 » Enregistrement 5 50	6 50	» »
		Émol.	» »	3 »
T. 91.	209. Vacation pour requérir l'ordonnance à l'effet de procéder à l'enquête et de signer le procès-verbal d'ouverture	*Émol.*	» »	4 50

ARTICLES du TARIF et des DÉLIBÉRAT.	NATURE DES ACTES.	ÉLÉMENTS DU COÛT DES ACTES.	DÉBOURSÉS.	ÉMOLUMENTS
T. 29.	210. Assignation aux témoins, avec copie du dispositif de l'arrêt en ce qui concerne les faits admis, et de l'ordonnance................	*Déb.* Timbre de l'original............ Timbre des copies, 1 feuille par 10 rôles.................... Huissier, original....... 2fr »c Chaque copie........... » 50 Enregistrement par chaque témoin.......... 3 30	fr c » »	fr c » »
		Émol. 45 centimes par rôle du dispositif de l'arrêt.................... 75 centimes par chaque copie de la requête et de l'ordonnance.....	» »	» »
T. 29.	211. Assignation à la partie à l'effet d'être présente à l'enquête.......................... ...	*Déb.* Timbre de l'original............ Timbre de la copie............. Huissier, original.... .. 2fr »c Copie................. » 50 Enregistrement......... 3 30	» »	» »
		Émol. Par chaque copie des requête et ordonnance, 75 centimes......	» »	» »
T. 92.	212. Vacation de l'avoué à l'audition des témoins..	*Émol.* Par 3 heures...	» »	9 »
T. 83.	213. Assistance à l'audience sur le référé ordonné par M. le Commissaire, sur la demande en prorogation de délai.....................	*Émol.*...	» »	4 50
	214. Enregistrement de la minute de l'arrêt......	Suivant la mention....	» »	» »
D. 11.	215. Vacation à l'enregistrement...............	*Émol*........................	» »	2 25
	216. Expédition. Procès-verbaux d'enquêtes.....	Ce qui sera perçu au greffe.	» »	» »

ARTICLES du TARIF et des DÉLIBÉRAT.	NATURE DES ACTES.	ÉLÉMENTS DU COÛT DES ACTES.	DÉBOURSÉS.	ÉMOLUMENTS
T. 70.	217. ACTE de signification des procès-verbaux à avoués	*Déb.* Timbre de l'original ..... »fr 50c Copie, 1 feuille par 10 rôles. » » Huissier ..... » 75 Enregistrement 1 10	fr c » »	fr c » »
		Émol. Original ..... 1 50 Copie ..... » 38 Copie des procès-verbaux, 45 centimes par rôle	» »	» »
T. 167.	218. TAXE AUX TÉMOINS, y compris leurs frais de voyage	Suivant l'ordonnance de M. le Commissaire	» »	» »
T. 71, 147. D^{on} d'août 1863.	219. ACTE contenant justification des reproches par écrit	Comme au n° 205	4 60	9 38
T. 71.	220. ACTE EN RÉPONSE	Comme au n° 206	4 60	9 38
T. 71.	221. ACTE contenant offre de prouver les reproches non justifiés par écrit, et désignation des témoins à entendre sur les reproches	Comme au n° 205	4 60	9 38
T. 71.	222. ACTE EN RÉPONSE	Comme au n° 206	4 60	9 38
	La suite de la procédure sur les reproches, comme en matière sommaire, conformément aux art. 290 et 413 du Code de Procédure. — Après l'arrêt sur les reproches, la procédure comme en matière ordinaire.			

VÉRIFICATION DES ÉCRITURES.

ARTICLES du TARIF et des DÉLIBÉRAT.	NATURE DES ACTES.	ÉLÉMENTS DU COÛT DES ACTES.	DÉBOURSÉS.	ÉMOLUMENTS
T. 92, 147.	223. VACATION pour déposer au greffe une pièce dont l'écriture est déniée, et assistance au procès-verbal dressé par le greffier de l'état de la pièce	*Émol.*	» »	9 »
	224. ACTE DE DÉPÔT	Ce qui sera perçu au greffe	» »	» »

ARTICLES du TARIF et des DÉLIBÉRAT.	NATURE DES ACTES.	ÉLÉMENTS DU COÛT DES ACTES.	DÉBOURSÉS.	ÉMOLUMENTS
T. 70.	**225.** SIGNIFICATION de l'acte de dépôt au greffe de la pièce dont l'écriture est déniée..........	*Déb.* Timbre de l'original..... »fr 50c Timbre de la copie...... » » Huissier............... » 75 Enregistrement......... 1 10	fr c » »	fr c » »
		Émol. Original.. .... 1 50 Copie....... .... » 38 Copie de l'acte de dépôt, 45 centimes par rôle...............	» »	» »
T. 92, 147.	**226.** VACATION pour prendre communication de la pièce, et assistance au procès-verbal dressé par le greffier..........................	*Émol.*........................	» »	9 »
	227. PROCÈS-VERBAL de cette communication, dressé par le greffier..........................	Ce qui sera perçu au greffe......	» »	» »
T. 76.	**228.** REQUÊTE pour obtenir l'ordonnance de M. le Conseiller Commissaire, à l'effet de sommer la partie adverse à comparaître à jour et heure certains, pour convenir des pièces de comparaison................................	*Déb.* Timbre......... ...... 1fr »c Enregistrement......... 5 50	6 50	» »
		Émol.........................	» »	3 »
T. 70.	**229.** SOMMATION à la partie de se trouver devant M. le Commissaire, pour convenir des pièces de comparaison.........................	*Déb.* Timbre................ 1 » Huissier.............. » 75 Enregistrement......... 1 10	2 85	» »
		Émol. Original.............. 1 50 Copie................. » 38 Copie des requête et ordonnance............ » 75	» »	2 63
T. 92.	**230.** VACATION devant M. le Commissaire, pour convenir des pièces de comparaison..........	*Émol.*........................	» »	9 »

ARTICLES du TARIF et des DÉLIBÉRAT.	NATURE DES ACTES.	ÉLÉMENTS DU COÛT DES ACTES.	DÉBOURSÉS.	ÉMOLUMENTS
T. 76.	231. REQUÊTE afin d'obtenir l'ordonnance pour sommer les experts de prêter serment, et les dépositaires de représenter les pièces de comparaison	*Déb.*		
		Timbre ... 1 fr » c Enregistrement ... 5 50	fr c 6 50	fr c » »
		Émol.	» »	3 »
T. 29.	232. SOMMATION aux experts et dépositaires des pièces de comparaison	*Déb.*		
		Timbre de l'original ... » » Timbre de chaque copie. » » Enregistrement suivant la mention ... » » Huissier, original ... 2 » Par chaque copie ... » 50	» »	» »
		Émol.		
		Par chaque copie des requête et ordonnance, 75 centimes	» »	» »
T. 70.	233. SOMMATION à la partie d'être présente	Comme au n° 229	2 85	2 63
T. 92.	234. VACATION pour être présent au serment des experts, à la représentation des pièces de comparaison, et faire les réquisitions et observations.	*Émol.*		
		Par chaque vacation	» »	9 »
T. 92.	235. VACATION à la confection du corps d'écriture fait par le défendeur, s'il est ainsi ordonné	*Émol.*	» »	9 »
	236. COÛT DU PROCÈS-VERBAL	Ce qui sera perçu au greffe	» »	» »
T. 159, 160 et 161.	237. TAXE AUX EXPERTS, y compris leurs frais de voyage, nourriture et séjour	Suivant le taux fixé par les art. 159, 160 et 161 du Tarif	» »	» »
T. 166.	238. TAXE aux dépositaires des pièces de comparaison	Suivant le taux gradué par l'art. 166 du Tarif	» »	» »

ARTICLES du TARIF et des DÉLIBÉRAT.	NATURE DES ACTES.	ÉLÉMENTS DU COÛT DES ACTES.	DÉBOURSÉS.	ÉMOLUMENTS
T. 70.	239. Signification à avoué du procès-verbal de vérification	*Déb.* Timbre de l'original ..... »fr 50c; Timbre de la copie, 1 feuille par 10 rôles ..... » »; Huissier ..... » 75; Enregistrement 1 10	fr c » »	fr c » »
		Émol. Acte de baillé copie ..... 1 88; Par rôle d'expédition ..... » 45	» »	» »

FAUX INCIDENT CIVIL.

ARTICLES du TARIF et des DÉLIBÉRAT.	NATURE DES ACTES.	ÉLÉMENTS DU COÛT DES ACTES.	DÉBOURSÉS.	ÉMOLUMENTS
T. 71, 147.	240. Sommation à la partie adverse de déclarer si elle veut, ou non, se servir d'une pièce produite, avec déclaration que, dans le cas où elle s'en servirait, le demandeur s'inscrira en faux	*Déb.* Timbre ..... 1 »; Huissier ..... » 75; Enregistrement 1 10	2 85	» »
		Émol. Original ..... 7 50; Copie 1 88	» »	9 38
T. 71.	241. Déclaration de la partie sommée, signée d'elle ou de son fondé de procuration spéciale et authentique dont il est donné copie, qu'elle entend ou non se servir de la pièce arguée de faux	Comme au numéro précédent, en ajoutant aux déboursés le coût de la procuration et aux émoluments le droit de copie	» »	» »
D. 9.	242. Consultation sur l'inscription de faux	*Émol.*	» »	20 »
T. 92.	243. Vacation pour former l'inscription de faux incident au greffe	*Émol.*	» »	9 »
	244. Coût de la déclaration d'inscription de faux	Ce qui sera perçu au greffe	» »	» »

ARTICLES du TARIF et des DÉLIBÉRAT.	NATURE DES ACTES.	ÉLÉMENTS DU COÛT DES ACTES.	DÉBOURSÉS.	ÉMOLUMENTS
T. 70.	245. SIGNIFICATION de la déclaration d'inscription de faux, avec sommation de comparaître à l'audience pour la faire admettre et faire nommer un Conseiller Commissaire................ *Le reste de la procédure, jusques et compris l'arrêt d'admission et sa signification, comme à l'ordinaire.*	Comme au n° 78, en ajoutant aux émoluments 45 centimes par rôle d'expédition de la déclaration...	fr » c »	fr » c »
T. 92.	246. VACATION pour remettre au greffe la pièce arguée de faux.............................	*Émol.*........................	» »	9 »
	247. ACTE DE MISE AU GREFFE..................	Ce qui sera perçu au greffe......	» »	» »
T. 70.	248. SIGNIFICATION DE L'ACTE DE MISE AU GREFFE...	Comme au n° 78, et par rôle d'expédition 45 centimes..........	» »	» »
T. 76.	249. REQUÊTE à M. le Conseiller Commissaire pour faire ordonner l'apport par le dépositaire de la minute de la pièce arguée	*Déb.* Timbre................ 1 fr » c; Enregistrement......... 5 50	6 50	» »
		Émol. Original......................	» »	3 »
T. 92.	250. VACATION pour requérir de M. le Commissaire son ordonnance, à l'effet de faire apporter au greffe la pièce arguée de faux, dont il y a minute................	*Émol.*........................	» »	9 »
T. 29.	251. SOMMATION au dépositaire, à l'effet d'apporter la pièce arguée...........................	*Déb.* Timbre............. .... » »; Huissier, original....... 2 »; Chaque copie..... ..... » 50; Enregistrement, suivant la mention........... » »	» »	» »
		Émol. Acte de baillé copie.............	» »	1 88
		Copie des requête et ordonnance............ » 75	» »	» »
T. 91.	252. VACATION DE L'AVOUÉ AU DÉPÔT DE LA PIÈCE ARGUÉE................................	*Émol.*........................	» »	4 50
	253. ACTE DE REMISE DE LA PIÈCE................	Ce qui sera perçu au greffe......	» »	» »

ARTICLES du TARIF et des DÉLIBÉRAT.	NATURE DES ACTES.	ÉLÉMENTS DU COÛT DES ACTES.	DÉBOURSÉS.	ÉMOLUMENTS
T. 70.	254. SIGNIFICATION dudit acte, avec sommation d'être présent au procès-verbal.	Comme au n° 78, en ajoutant 45 centimes par rôle d'expédition.	fr c » »	fr c » »
T. 92.	255. VACATION au procès-verbal de l'état des pièces arguées de faux.	Par chaque vacation de 3 heures.	» »	9 »
	256. PROCÈS-VERBAL DE L'ÉTAT DE LA PIÈCE.	Ce qui sera perçu au greffe.	» »	» »
T. 70.	257. SIGNIFICATION DU PROCÈS-VERBAL.	*Déb.* Timbre de l'original. . . . »fr 50c Copie, 1 feuille par 10 rôles. » » Huissier. . . . » 75 Enregistrement. . . . 1 10	» »	» »
		Émol. Acte de baillé copie. . . . 1 88 45 centimes par rôle d'expédition.	» »	» »
T. 92.	258. VACATION A L'AVOUÉ DU DEMANDEUR, pour prendre, en tout état de cause, communication de la pièce arguée de faux.	*Émol.*	» »	9 »
T. 75. D^on d'août 1863.	259. REQUÊTE CONTENANT LES MOYENS DE FAUX.	*Déb.* Timbre de l'original par chaque rôle de grosse. . »fr 50c Copie, 1 feuille par 6 rôles. » » Huissier. . . . 1 50 Enregistrement. . . . 1 10	» »	» »
		Émol. Original, chaque rôle. . . . 3 » Copie. . . . » 75	» »	» »
T. 75.	260. REQUÊTE CONTENANT RÉPONSE AUX MOYENS DE FAUX.	Comme au numéro précédent.	» »	» »
	Le reste de la procédure, jusques et compris l'arrêt d'admission ou de rejet des moyens de faux, et sa signification, comme à l'ordinaire. — En cas d'admission des moyens de faux, et pour la preuve par témoins, voir les nos 189 et suivants, au titre des Enquêtes. *— Et pour la vérification des pièces arguées de faux et les vacations des experts, voir les nos 207 et suivants, au titre de la* Vérification des Écritures.			

ARTICLES du TARIF et des DÉLIBÉRAT.	NATURE DES ACTES.	ÉLÉMENTS DU COÛT DES ACTES	DÉBOURSÉS.	ÉMOLUMENTS
	INTERROGATOIRE SUR FAITS ET ARTICLES.			
T. 79, 147.	261. REQUÊTE pour avoir permission de faire interroger sur faits et articles, contenant les faits.	*Déb.* Timbre........................	fr c 1 »	fr c » »
		Émol........................	» »	22 50
T. 83.	262. ASSISTANCE à l'audience pour obtenir l'arrêt...	*Émol*........................	» »	4 50
T. 157.	263. APPEL DE CAUSE DÛ AUX HUISSIERS...........	*Déb*........................	1 25	» »
	264. ENREGISTREMENT SUR MINUTE DE L'ARRÊT......	Suivant la mention.............	» »	» »
R. 11.	265. VACATION A L'ENREGISTREMENT..............	*Émol*........................	» »	2 25
	266. TIMBRE MINUTE et RÉPERTOIRE..............	*Déb*........................	1 40	» »
	267. COÛT DE L'ARRÊT.........................	Ce qui sera perçu au greffe.......	» »	» »
T. 76.	268. REQUÊTE à M. le Conseiller Commissaire à l'effet d'obtenir son ordonnance indiquant les jour et heure de l'interrogatoire................	*Déb.* Timbre................ »fr 50c Enregistrement de l'ordonnance............ 6 »	6 50	» »
		Émol........................	» »	3 »
T. 29, 72.	269. SIGNIFICATION A DOMICILE, par l'huissier commis, des requête, arrêt et ordonnance...........	*Déb.* Timbre, 1 feuille par 10 rôles................ » » Huissier, original....... 2 » Copie................ » 50 Enregistrement, suivant la mention.......... » »	» »	» »
		Émol. 45 centimes par rôle........... Copie des requête et ordonnance........... » 75	» »	» »

ARTICLES du TARIF et des DÉLIBÉRAT.	NATURE DES ACTES.	ÉLÉMENTS DU COÛT DES ACTES.	DÉBOURSÉS.	ÉMOLUMENTS
	270. VACATION à requérir l'ouverture du procès-verbal et à remettre les pièces.	*Émol.*	fr » c »	fr 4 c 50
	271. PROCÈS-VERBAL D'INTERROGATOIRE.	Ce qui sera perçu au greffe.	» »	» »
T. 72.	272. SIGNIFICATION du procès-verbal à avoué.	*Déb.* Timbre de l'original..... »fr 50c Copie, 1 feuille par 10 rôles. » » Huissier. » 75 Enregistrement. 1 10	» »	» »
		Émol. Acte de baillé copie... 1 88 45 centimes par rôle d'expédition.	» »	» »
	PROCÉDURE SUR LE DÉSAVEU.			
T. 92.	273. VACATION pour former un désaveu au greffe, contenant les moyens, conclusions et constitution d'avoué.	*Émol.*	» »	9 »
	274. EXPÉDITION DU DÉSAVEU.	Ce qui sera perçu au greffe.	» »	» »
T. 70.	275. SIGNIFICATION du désaveu dans le cours d'une instance.	*Déb.* Timbre de l'original. Timbre des copies. Huissier. 1fr 50c Enregistrement. 2 20	» »	» »
		Émol. Original. 1 50 Deux copies. » 75 Copie du désaveu, 45 centimes par rôle.	» »	» »
T. 29.	276. SIGNIFICATION du désaveu à domicile, lorsqu'il n'y a pas d'instance.	*Déb.* Timbre. »fr »c Huissier, original et copie. 3 » Enregistrement. 6 60	» »	» »
	Le reste de la procédure, jusqu'à l'arrêt, comme à l'ordinaire, depuis et compris le n° 76.	*Émol.* 45 centimes par rôle de l'acte de désaveu.	» »	» »
T. 91.	277. VACATION pour faire faire mention, en marge de l'acte de désaveu, de l'arrêt qui l'aura rejeté.	*Émol.*	» »	4 50

ARTICLES du TARIF et des DÉLIBÉRAT.	NATURE DES ACTES.	ÉLÉMENTS DU COÛT DES ACTES.	DÉBOURSÉS.	ÉMOLUMENTS
	REPRISE D'INSTANCE ET CONSTITUTION DE NOUVEL AVOUÉ.			
T. 29.	278. ASSIGNATION.	*Déb.* Timbre, original et copie. 1fr »c Huissier, original. 2 » Chaque copie. » 50 Enregistrement, suivant la mention.	fr c » »	fr c » »
T. 71.	279. ACTE de reprise.	*Déb.* Timbre. 1fr »c Huissier. » 75 Enregistrement. 1 10	2 85	» »
		Émol. Original. 7 50 Copie. 1 88	» »	9 38
T. 75.	280. REQUÊTE contenant contestation sur la demande en reprise d'instance, laquelle ne peut excéder 6 rôles.	Comme au n° 186.	» »	» »
T. 75.	281. REQUÊTE EN RÉPONSE.	Comme au numéro précédent.	» »	» »
	RÈGLEMENT DE JUGES.			
T. 78.	282. REQUÊTE à fin d'obtenir permission d'assigner en règlement de juges.	*Déb.* Timbre. 1fr »c Enregistrement. 5 50	6 50	» »
	Le surplus comme à l'ordinaire, depuis et compris le n° 75.	*Émol.* Original. 11 25 Copie, le quart. 2 82	» »	14 7
	COMPULSOIRE.			
T. 75.	283. REQUÊTE à fin de se faire autoriser à compulser un acte, lequel ne pourra excéder 6 rôles. .. *Le surplus comme à l'ordinaire.*	Comme au n° 186.	» »	» »
T. 92.	284. ASSISTANCE au compulsoire, et dires au procès-verbal.	Par chaque vacation.	» »	9 »

ARTICLES du TARIF et des DÉLIBÉRAT.	NATURE DES ACTES.	ÉLÉMENTS DU COÛT DES ACTES.	DÉBOURSÉS.		ÉMOLUMENTS	
	TIERCE OPPOSITION.					
			fr	c	fr	c
T. 68. D. 9.	285. Consultation sur la tierce opposition.....	*Émol.*.....................	»	»	20	»
T. 75. D^on d'août 1863.	286. Requête contenant la tierce opposition, principale ou incidente........................	Comme au n° 121..............	»	»	»	»
T. 75.	287. Requête en réponse......................	Comme au numéro précédent....	»	»	»	»
	Le reste de la procédure comme à l'ordinaire.					
	REQUÊTE CIVILE.					
T. 140. D^on 6 mai 1807.	288. Consultation de trois avocats..............	*Déb.*.........................	108	»	»	»
C. de P. C., art. 494.	289. Amende consignée.......................	Suivant la quittance............	»	»	»	»
T. 90.	290. Vacation a la consignation...............	*Émol.*........................	»	»	2	25
T. 78.	291. Requête civile principale................	*Déb.* Timbre...................... Enregistrement................	»	»	»	»
		Émol.........................	»	»	11	25
C. de P. C., art. 495.	292. Assignation avec copie de la consultation, de la quittance d'amende et des requête et ordonnance................................	*Déb.* Timbre de l'original..... » fr » c Copie par 10 rôles évalués................ 1 » Huissier, original....... 2 » Copie................ » 50 Enregistrement......... 3 30	»	»	»	»
		Émol. Par chaque rôle évalué. . » 45	»	»	»	»
T. 68.	293. Consultation sur la requête civile principale................................	*Émol.*........................	»	»	20	»
	Le surplus comme à l'ordinaire.					

ARTICLES du TARIF et des DÉLIBÉRAT.	NATURE DES ACTES.	ÉLÉMENTS DU COÛT DES ACTES.	DÉBOURSÉS.	ÉMOLUMENTS
			fr c	fr c
T. 75.	294. REQUÊTE CIVILE INCIDENTE	Comme au n° 121	» »	» »
T. 68. D. 9.	295. CONSULTATION SUR LA REQUÊTE CIVILE INCIDENTE.	*Émol.*	» »	20 »
T. 75.	296. REQUÊTE EN DÉFENSE. *Le surplus de la procédure comme à l'ordinaire.*	Comme au n° 121	» »	» »

LIQUIDATION DES DOMMAGES-INTÉRÊTS.

ARTICLES du TARIF et des DÉLIBÉRAT.	NATURE DES ACTES.	ÉLÉMENTS DU COÛT DES ACTES.	DÉBOURSÉS.	ÉMOLUMENTS
T. 141 et 147.	297. DÉCLARATION des dommages-intérêts	*Déb.* Timbre de l'original; Timbre de la copie; Huissier »fr 75c; Enregistrement 1 10	» »	» »
		Émol. Par article » 90; Copie, le quart	» »	» »
T. 91.	298. VACATION pour déposer au greffe ou donner en communication, sur récépissé à l'amiable, les pièces justificatives de la déclaration des dommages-intérêts, et les retirer, le tout ensemble	*Émol.*	» »	4 50
T. 91.	299. VACATION pour prendre communication des pièces et les rétablir	*Émol.*	» »	4 50
T. 142.	300. APOSTILLES DE L'AVOUÉ DÉFENDEUR, sur la déclaration	*Émol.* Par chaque apostille » 90	» »	» »
T. 71.	301. ACTE d'offres sur la déclaration des dommages-intérêts	*Déb.* Timbre de l'original et de la copie 1 »; Huissier » 75; Enregistrement 1 10	2 85	» »
		Émol. Original 7 50; Copie 1 88	» »	9 38

ARTICLES du TARIF et des DÉLIBÉRAT.	NATURE DES ACTES.	ÉLÉMENTS DU COÛT DES ACTES.	DÉBOURSÉS.	ÉMOLUMENTS
			fr c	fr c
	302. ACTE d'acceptation ou de refus des offres	Comme au n° 78	2 85	1 88
	303. SOMMATION D'AUDIENCE, si les offres sont refusées	Comme au n° 78	2 85	1 88
	Le surplus de la procédure comme à l'ordinaire.			
	PÉREMPTION.			
	304. POUVOIR	Comme au n° 73	2 55	» »
T. 75. D^{on} d'août 1863.	305. REQUÊTE en péremption d'instance, qui ne peut excéder 6 rôles	Comme au n° 186	» »	» »
T. 75.	306. REQUÊTE EN RÉPONSE	Comme au numéro précédent	» »	» »
	La procédure ultérieure comme à l'ordinaire.			
	DÉSISTEMENT.			
T. 71.	307. ACTE DE DÉSISTEMENT signifié d'avoué à avoué et signé par la partie	*Déb.* Timbre 1^{fr} »^{c} Huissier » 75 Enregistrement 3 30	5 05	» »
		Émol. Original 7 50 Copie 1 88	» »	9 38
	308. SIGNIFICATION du désistement notarié	Comme au n° 78, plus le droit de copie dudit acte	2 85	2 78
T. 71.	309. ACTE D'ACCEPTATION signé de la partie	Comme au n° 307	5 05	9 38
	En cas d'obtention d'arrêt donnant acte du désistement, comme à l'ordinaire.			
T. 76.	310. REQUÊTE A M. LE PRÉSIDENT pour obtenir l'ordonnance, afin de rendre la taxe exécutoire, y compris la vacation	*Déb.* »^{fr} 50^{c} Enregistrement de l'ordonnance 5 50	6 »	» »
		Émol.	» »	3 »

ARTICLES du TARIF et des DÉLIBÉRAT.	NATURE DES ACTES.	ÉLÉMENTS DU COÛT DES ACTES	DÉBOURSÉS.	ÉMOLUMENTS
T. 70.	311. SOMMATION de se trouver devant M. le Président, pour voir déclarer la taxe exécutoire........	*Déb.*		
		Timbre................ 1fr »c Huissier.............. » 75 Enregistrement......... 1 10	fr c 2 85	fr c » »
		Émol.		
		Original.............. 1 50 Copie................ » 38 Copie des requête et ordonnance........... » 75	» »	2 63
	312. COÛT DE L'ORDONNANCE de taxe..............	Ce qui sera perçu au greffe......	» »	9 »
	313. SIGNIFICATION A AVOUÉ de cette ordonnance...	*Déb.*		
		Timbre de l'original..... »fr 50c Timbre de la copie...... » 50 Huissier.............. » 75 Enregistrement......... 1 10	2 85	» »
		Émol.		
		Acte de baillé copie..... 1 88 Par rôle.............. » 45	» »	» »

OPPOSITION A EXÉCUTOIRE OU A LIQUIDATION DE DÉPENS.

ARTICLES du TARIF et des DÉLIBÉRAT.	NATURE DES ACTES.	ÉLÉMENTS DU COÛT DES ACTES	DÉBOURSÉS.	ÉMOLUMENTS
Décret, 16 février 1807.	314. ACTE D'OPPOSITION, avec sommation de comparaître à la chambre du Conseil............	Comme au n° 78................	2 85	1 88
D. 10.	315. CONCLUSIONS SIGNIFIÉES..................	Comme au numéro qui précède..	2 85	1 88
	316. CONCLUSIONS DÉPOSÉES...................	*Émol*.......................	» »	3 »
Décret, 16 février 1807, et T. 147.	317. ASSISTANCE ET PLAIDOIRIE à la chambre du Conseil..........................	*Émol*.......................	» »	11 25

ARTICLES du TARIF et des DÉLIBÉRAT.	NATURE DES ACTES.	ÉLÉMENTS DU COÛT DES ACTES.	DÉBOURSÉS.	ÉMOLUMENTS
Don d'août 1863.	318. QUALITÉS	*Déb.*		
		Timbre de l'original Copie Huissier 1fr 50c Enregistrement 1 10	fr c » »	fr c » »
		Émol.	» »	7 50
	Par chacune des autres copies	*Déb.*		
		Timbre de la copie Huissier 1 50 Enregistrement 1 10	» »	» »
		Émol. 1 50	» »	» »
	319. BULLETIN dû aux huissiers	*Déb.*	1 25	» »
Décrets.	320. TIMBRE MINUTE et RÉPERTOIRE	*Déb.*	1 40	» »
	321. ÉTAT DE DÉPENS	*Déb.*		
		Timbre	» 50	» »

TROISIÈME PARTIE.

MATIÈRES CRIMINELLES ET DE POLICE CORRECTIONNELLE.

ARTICLES du TARIF et des DÉLIBÉRAT.	NATURE DES ACTES.	ÉLÉMENTS DU COÛT DES ACTES.	DÉBOURSÉS.	ÉMOLUMENTS
	FRAIS AU NOM DE LA PARTIE CIVILE OU CONTRE ELLE.			
D. 14.	**322.** Assistance de l'avoué à chaque jour d'audience	*Émol.*	fr » c »	fr 4 c 50
D. 14. Dᵒⁿ d'août 1863.	**323.** Acte de conclusions signifiées	*Déb.*	3 60	» »
		Émol.	» »	9 38
	324. Conclusions déposées	*Déb.*	» 50	» »

DÉLIBÉRATION
du 6 mai 1807.

EXTRAIT de la Délibération de la Cour d'Appel de Paris, du 6 mai 1807.

Il a été arrêté que la taxe, en la Cour, des honoraires d'Avocats, serait augmentée de moitié, comme celle des émoluments des Avoués.

DÉLIBÉRATION
du 17 août 1822.

EXTRAIT de la Délibération de la Cour Royale de Paris, du 17 août 1822.

Monsieur le Premier Président est invité à mander à la Chambre des Avoués que l'intention de la Cour est :

1° L'Avoué qui, sur matières sommaires, aura obtenu la condamnation des dépens, remettra, avant la signature de l'arrêt sur la feuille, au Greffier de l'audience, l'état desdits dépens par lui signé, et apostillé par l'un des Membres de la Chambre des Avoués; cet état et le projet de taxe de la Chambre des Avoués seront présentés par le Greffier de l'audience au Président de la Cour, qui en arrêtera la liquidation et en fera faire l'insertion dans le dispositif de l'arrêt, sur la feuille à laquelle l'état demeurera annexé.

Cette liquidation ne comprendra pas les droits sur les qualités, le coût et la signification de l'arrêt : il en sera fait mention.

Si l'Avoué du demandeur a obtenu la distraction contre la partie condamnée, la liquidation sera faite à son profit.

Si l'Avoué du demandeur en taxe n'a pas fourni dans le délai ci-dessus fixé, l'état des dépens adjugés, la liquidation n'en sera pas faite par l'arrêt; elle pourra être opérée par exécutoire, dans les formes ordinaires. En ce cas, les frais de la taxe et de l'exécutoire seront à la charge du demandeur en taxe.

2° En matières ordinaires, les états ou déclarations de dépens seront signés par les Avoués requérants; les préambules de ces déclarations énonceront les noms des demandeurs en taxe, les noms des parties condamnées, les dates des sentences et arrêts qui auront prononcé la condamnation ou l'emploi des dépens et la distraction au profit de l'Avoué (conformément au modèle du Préambule n° 1er).

3° Les Avoués demandeurs en taxe joindront aux pièces justificatives de leur déclaration de dépens les grosses ou copies signifiées, ou copies par eux certifiées, des sentences et arrêts mentionnés en l'art. 2.

4° La distraction des dépens sera accordée aux Avoués contre les parties adverses de leurs clients; elle leur sera aussi accordée en cas de compensation des dépens avec emploi, lorsqu'ils l'auront requise et qu'ils auront affirmé à l'audience avoir fait l'avance de la plus grande partie des frais de cause d'appel. Si l'Avoué de première instance a obtenu par un jugement confirmé la distraction des dépens faits en cause principale, l'exécutoire de la Cour sera délivré pour le montant de ces frais en son nom.

5° Les déclarations de dépens contiendront les frais de cause principale et ceux faits en Cour. Si, faute d'avoir compris dans les déclarations de dépens ceux adjugés par la sentence confirmée, il est, par suite, nécessaire d'obtenir en la Cour un exécutoire pour la liquidation des dépens de cause principale, le coût de cet exécutoire sera à la charge du demandeur en taxe, sans répétition contre le défendeur.

6° Les Avoués demandeurs en taxe continueront, suivant l'usage établi, à déposer à la Chambre des Avoués les déclarations de dépens et les pièces justificatives; ils les y laisseront déposées pendant huitaine. L'Avoué défendeur sera averti par la Chambre dans le jour du dépôt : l'Avoué défendeur pourra prendre communication, sans déplacement, de la déclaration et des pièces justificatives, et fournir à la Chambre ses observations verbales ou par écrit. A l'expiration de la huitaine du dépôt, la Chambre des Avoués donnera par écrit son avis sur chacun des articles compris en ladite déclaration.

7° L'avis de la Chambre des Avoués, les observations qui auront été fournies par l'Avoué défendeur, seront joints aux pièces qui seront remises par l'Avoué demandeur au Greffier de la Chambre qui aura rendu l'arrêt. Dans les vingt-quatre heures de la remise des pièces au Greffier, il les présentera à la distribution de Monsieur le Président de la Chambre, qui commettra l'un de Messieurs pour procéder à la taxe : le Greffier, dans le plus bref délai, après cette distribution, remettra les pièces à celui de Messieurs qui aura été commis.

8° Le Conseiller taxateur entendra, s'il le juge à propos, les Avoués, vérifiera chaque article, les taxera en marge de la déclaration, mettra le taxé et son paraphe sur chaque pièce justificative, arrêtera au bas de la déclaration de dépens le montant de la taxe, dont il ordonnera qu'il sera délivré exécutoire, signera son arrêté, le fera remettre au Greffier. Cet arrêté sera daté du jour de la remise qui en sera faite au Greffier de l'audience, qui signera pareillement (conformément au modèle de l'arrêté du Conseiller taxateur, n° 2).

9° Dans le plus bref délai, après la remise au Greffier de l'ordonnance de taxe rédigée et signée par le Conseiller taxateur, il sera délivré exécutoire en forme du montant de cette ordonnance. Cet exécutoire sera composé des qualités énoncées au préambule de la déclaration de dépens et de la décision du Conseiller taxateur.

MODÈLES DES FORMULES.

N° 1er. — *Préambule des Déclarations de dépens.*

Déclaration de dépens dont requiert taxe et exécutoire par-devant vous, Monsieur le Président et Messieurs les Conseillers de la. . . . . Chambre,

A. . . . . , demandeur,

Contre B. . . . . , défendeur;

Auxquels ledit B. . . . . . . a été condamné par sentence du . . . . . et arrêt du. . . . .

1° Etc.

Nota. S'il y a distraction au profit de l'Avoué, la déclaration sera faite en son nom.

Nota. Si les dépens ont été compensés avec emploi, la déclaration sera ainsi faite :

Dont requiert taxe par-devant vous . . . . lesquels dépens, par sentence du. . . . . . et arrêt du . . . . . . rendu entre A. . . . . et B . . . . ont été compensés avec emploi en . . . . requérant exécutoire pour assurer ledit emploi contre qui de droit.

N° 2. — *Modèle de l'arrêté ou ordonnance du Conseiller taxateur.*

Les présents dépens ont été par nous, Conseiller en la Cour royale, taxés et arrêtés, suivant le calcul qui en a été par nous fait, à la somme totale de . . . . , dans laquelle sont entrés les frais de première instance pour la somme de . . . . . , savoir : pour les déboursés . . . . , et pour les émoluments. . . . . ; et les frais d'appel pour celle de . . . . , savoir : pour déboursés . . . . , et pour émoluments . . . .

Ordonnons qu'il sera délivré exécutoire de ladite somme totale de . . . , au profit de A . . . . , contre B. . . . . — A Paris, en Cour royale, le . . . .

Nota. S'il y a distraction au profit des Avoués, l'Ordonnance du Conseiller taxateur sera rendue au profit de l'Avoué d'appel pour les frais faits en la Cour, et de l'Avoué de première instance pour les frais par lui faits, s'il est justifié au Conseiller qu'il en ait obtenu la distraction.

NOTA. Si les frais à taxer ont été compensés, l'Ordonnance l'énoncera ainsi :

Ordonnons qu'il sera délivré exécutoire de la somme totale de. . . . . , au profit de A. . . . . , contre qui de droit, et aux termes de la sentence du. . . . et de l'arrêt du. . . . , qui en ont ordonné l'emploi en. . . .

DÉLIBÉRATION du 25 novembre 1822.

Délibération de la Cour Royale de Paris, du 25 novembre 1822.

La Cour arrête que, pour la taxe des dépens, on se conformera à l'avenir aux instructions suivantes :

§ Ier. — MATIÈRES SOMMAIRES.

ART. 1er.

Il sera alloué un émolument de 4 fr. 50 c. pour la requête à fin d'obtenir permission d'assigner à bref délai, et 2 fr. 25 c. à l'Avoué adverse, pour assistance à l'audience dans laquelle il est donné acte de sa constitution.

ART. 2.

Il ne sera passé en taxe que le prix du papier timbré, soit pour la notice à la distribution, soit pour les conclusions déposées, pour la copie du dispositif du jugement dont est appel, ou de l'arrêt par défaut; et la distribution des causes ne donnera lieu à aucun émolument au profit de l'Avoué.

ART. 3.

Le droit d'obtention d'un arrêt par défaut ou définitif sur incompétence sera déterminé par le Juge, suivant les règles d'évaluation de l'art. 67 du Tarif.

Le droit d'obtention d'arrêt ne sera dû ni à raison de l'appel incident, ni pour l'arrêt portant que les choses demeureront en état du consentement des parties.

Les interventions, les demandes en garantie, celles en déclaration d'arrêt commun ne donneront pas lieu à un droit particulier d'obtention d'arrêt, sans préjudice, toutefois, du droit accordé à l'Avoué par l'art. 67, lorsqu'il y a plusieurs parties en cause.

ART. 4.

Les arrêts de renvoi d'une Chambre à l'autre, les arrêts de jonction et les arrêts prononçant qu'il en sera délibéré, ne donneront lieu à aucun émolument.

ART. 5.

Il sera passé une vacation de 2 fr. 25 c. pour la vacation à l'enregistrement sur minute de tous les arrêts soumis à cette formalité.

ART. 6.

Les Avoués auront droit à 45 centimes par rôle d'expédition, pour la copie faite et signée par eux des arrêts par défaut ou interlocutoires signifiés à parties.

Aucunes autres pièces signifiées dans le cours du procès ne passeront en taxe.

ART. 7.

Le droit de 10 francs et de 20 francs pour port de pièces et correspondance sera alloué dans les matières sommaires, conformément aux art. 145 et 147 du Tarif.

Les Avoués ne pourront réclamer aucune vacation pour assistance à l'acte de voyage.

ART. 8.

Il sera alloué à l'Avoué de l'Appelant qui aura gagné son procès un émolument de 3 francs pour l'extrait du dispositif de l'arrêt, à l'effet de retirer l'amende.

§ II. — MATIÈRES ORDINAIRES.

ART. 9.

Il est dû un droit particulier de consultation sur la tierce opposition et la requête civile incidentes, de même que sur l'inscription de faux incident civil.

Ce droit ne sera point alloué sur l'appel incident, la demande en garantie, la demande en intervention, non plus que sur celle en déclaration d'arrêt commun.

ART. 10.

Il sera alloué à titre d'émolument :

3 francs pour la copie du dispositif du jugement;

3 francs pour les conclusions déposées sur le bureau;

1 fr. 50 c. pour la rédaction de la notice à la distribution.

Seront passés en taxe :

L'avenir à l'appel du rôle bursal :

Le droit d'assistance audit appel ;

La vacation à la vérification du rôle ;

L'acte déclaratif de la distribution.

Ce dernier acte devra contenir avenir à l'audience pour plaider la cause ; si l'avenir est donné par acte séparé, l'un des deux actes ne passera point en taxe.

ART. 11.

Il sera alloué une vacation de 2 fr. 25 c. pour la vacation à l'enregistrement des arrêts sur minute.

ART. 12.

L'Intimé pourra signifier ses moyens, soit avant, soit après la signification de la requête de l'Appelant, mais après que les qualités auront été posées à l'audience.

Toutes conclusions prises hors de la requête ne passeront en taxe que comme un simple acte d'Avoué à Avoué, sans préjudice des dispositions de l'art. 71 du Tarif, relatives aux demandes incidentes.

ART. 13.

Il ne sera passé aux Avoués que trois remises de cause, indépendamment des assistances aux audiences où la cause sera plaidée ou jugée.

§ III. — MATIÈRES CRIMINELLE ET DE POLICE CORRECTIONNELLE.

ART. 14.

Les Avoués d'appel ne pourront réclamer, pour frais faits au nom de la partie civile ou contre elle, soit devant la Cour d'Assises, soit devant la Chambre des appels de Police correctionnelle, qu'un droit de 4 fr. 50 c. pour assistance à chaque jour d'audience, et un acte de conclusions qui sera taxé à raison de 7 fr. 50 c. pour l'original, et du quart en sus pour chaque copie signifiée.

TABLE.

FIN.

www.ingramcontent.com/pod-product-compliance
Ingram Content Group UK Ltd.
Pitfield, Milton Keynes, MK11 3LW, UK
UKHW020451180726
13839UKWH00004B/1771

9 782329 507224